3·1 운동 이후 나라 밖에서는
독립군 부대가 일본군과 맞서 싸웠어요.
홍범도 장군은 봉오동 전투에서,
김좌진 장군은 청산리 대첩에서
일본을 크게 무찔렀어요. 또한 나라 안에서는
뜻있는 사람들이 수많은 애국 단체를
만들어 항일 운동을 펼쳤어요.

추천 감수 박현숙(고대사)
고려대학교 사범대학 역사교육과를 졸업하고 동 대학원에서 문학박사 학위를 받았습니다. 현재 고려대학교 사범대학 역사교육과 교수로 재직 중이며, 백제 문화와 고대 인물사 등에 대한 활발한 연구를 계속하고 있습니다. 쓴 책으로 〈백제의 중앙과 지방〉, 〈한국사의 재조명〉 등이 있습니다.

추천 감수 정구복(고려사 · 조선사)
서울대학교 사범대학 역사교육과를 졸업하고 서강대학교에서 문학박사 학위를 받았습니다. 한국학중앙연구원 한국학대학원의 교수로 재직 중이며, 한국학중앙연구원 한국학대학원 원장을 역임하였습니다. 쓴 책으로 〈한국인의 역사 의식〉, 〈역주 삼국사기〉, 〈한국 중세 사학사 1, 2〉 등이 있습니다.

추천 감수 김한종(근현대사)
서울대학교 사범대학 역사교육과를 졸업하고 동 대학원에서 역사교육을 전공하여 문학박사 학위를 받았습니다. 현재 한국교원대학교 교수로 재직 중입니다. 쓴 책으로 〈역사 교육 과정과 교과서 연구〉, 〈역사 교육의 내용과 방법〉(공저), 〈한 · 중 · 일 3국의 근대사 인식과 역사 교육〉(공저), 〈역사 교육과 역사 인식〉(공저) 등이 있습니다.

고증 문중양(과학사)
서울대학교 계산통계학과를 졸업하고 동 대학원에서 이학박사 학위를 받았습니다. 쓴 책으로 〈우리 역사 과학 기행〉, 〈우리의 과학문화재〉(공저), 〈세종의 국가 경영〉(공저) 등이 있습니다.

고증 정연식(생활사 및 복식)
서울대학교 국사학과를 졸업하고 동 대학원에서 문학박사 학위를 받았습니다. 쓴 책으로 〈조선 시대 사람들은 어떻게 살았을까?〉(공저), 〈일상으로 본 조선 시대 이야기 1, 2〉 등이 있습니다.

글 김육훈
전국역사교사모임의 창립 회원이며, 2002년부터 4년 동안 회장을 지냈습니다. 대안적 교육 과정과 교과서에 대한 소망을 담아 〈살아 있는 한국사 교과서〉, 〈살아 있는 세계사 교과서〉, 〈우리 아이들에게 역사를 어떻게 가르칠 것인가〉 등을 펴내는 데 참가하였습니다. 학생들이 토론하면서 자기 생각을 만들기 바라며 〈쟁점으로 보는 한국사〉를 펴냈고, 중학교 사회1, 2, 고교 공통 사회 교과서(검정) 집필에 참가하였으며, 고등학교 국사 교과서(국정) 집필에도 참가하였습니다.

그림 김민철
홍익대학교에서 섬유미술을 공부하고 현재 프리랜서 일러스트레이터로 활동하고 있습니다. 그린 책으로 〈화성에 간 내 동생〉, 〈나는 무슨 씨앗일까?〉, 〈지엠오 아이〉, 〈대한민국 사진공화국〉, 〈크레용 왕국의 열두 달〉, 〈단군 신화〉 등이 있습니다.

이미지 제공
연합포토, 중앙포토, 국립중앙박물관, 국립부여박물관, 국립경주박물관, 국립민속박물관, 유연태(사진작가), 허용선(사진작가)

광개토 대왕 이야기 한국사 61 일제 강점기

온 겨레가 독립운동을 벌이다

총기획 및 발행인 박연환
발행처 (주)한국헤르만헤세
출판등록 제17-354호
연구개발원 경기도 성남시 분당구 금곡동 444-148
대표전화 (031)715-7722
팩스 (031)786-1100
본사 서울시 송파구 석촌동 7-3
대표전화 (02)470-7722
팩스 (02)470-8338
고객문의 080-715-7722
편집 임미옥, 백영민, 윤현주, 지수진, 최영란
디자인 장월영, 주문배, 김덕준, 김지은

이야기 한국사 광개토 대왕

61 ★ 일제 강점기

온 겨레가 독립운동을 벌이다

감수 김한종 | 글 김육훈 | 그림 김민철

한국헤르만헤세

우리는 대한 독립군

봉오동 전투를 승리로 이끈 홍범도 부대

우리는 대한 독립군 조국을 찾는 용사로다.
가자 가자 압록강 건너 백두산 넘어 가자.
삼천리 금수강산 지옥이 되어 모두 고통 속에 헤매고 있다.
동포는 기다린다 어서 가자 조국에…….

척척 착착, 손발을 하나로 맞추고 산을 무너뜨릴 듯 우렁찬 목소리로
노래를 부르며 움직이는 사람들은 바로 홍범도 부대였어요.
옷은 조금씩 달랐지만 그들은 용맹한 독립군이 분명했어요.
포수 출신 홍범도는 독립군 부대장으로서 두만강 너머
일본군 국경 수비대를 기습하여 승리하고 돌아오는 길이었어요.

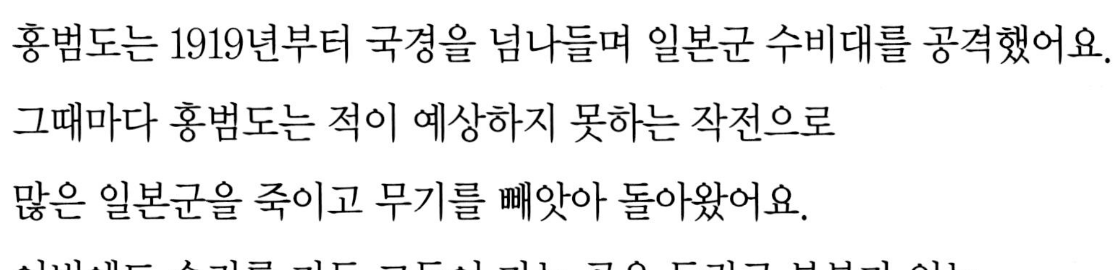

홍범도는 1919년부터 국경을 넘나들며 일본군 수비대를 공격했어요.
그때마다 홍범도는 적이 예상하지 못하는 작전으로
많은 일본군을 죽이고 무기를 빼앗아 돌아왔어요.
이번에도 승리를 거둔 그들이 가는 곳은 독립군 본부가 있는
북간도의 봉오동이었어요.
홍범도는 맨 앞에서 부대를
이끌며 험한 산길을
지나고 있었어요.
"부상자도 없이 일본군을
박살 내다니 정말 대단해."
"그게 다 대장님의 빼어난
지도력 덕분이라고!"

홍범도 부대가 도착할 무렵, 일본군은 토론을 벌이고 있었어요.
“아니, 벌써 몇 번째 당하는 거요. 이대로 그냥 있을 겁니까?”
“이미 두만강을 건너 달아나 버렸는데 어떻게 하겠습니까?”
“중국이 항의하더라도 독립군 본부를 없애 버려야 합니다!”
수차례 독립군의 공격을 받은 일본군은 중국이 항의하든 말든 홍범도 부대를 찾아 복수하기로 했어요.
야스카와 소좌가 이끄는 일본군 부대는 홍범도 부대가 봉오동으로 가고 있다는 사실을 알고 빠르게 뒤쫓아 왔어요.
홍범도 부대도 일본군이 쫓아오고 있다는 것을 알아차렸어요.
“잘 훈련된 일본군 수백 명이 오고 있습니다!”
독립군 지휘관들은 일본군이 만만치 않으리라 짐작했어요.
그러나 홍범도와 지휘관들은 일본군과 맞서 싸우기로 했어요.

▲ 홍범도의 흉상

"지금 물러서면 우리가 거둔 승리는 모두 헛일이 되고 맙니다."

봉오동에서는 긴박한 작전 회의가 열렸어요.

지휘관들이 작전을 짜는 사이, 부대원들은 무기를 점검하고

봉오동의 주민을 다른 곳으로 피하게 했어요.

독립군은 일본군을 봉오동 골짜기로 끌어들여 싸우기로 했어요.

일본군을 끌어들이는 일은 독립군 지휘관인 이화일이 맡았어요.

중요한 임무를 띠고 떠나는 이화일에게 홍범도가 말했어요.

"이 동지, 잘 숨어 있다가 기습을 해야 합니다."

"예, 최대한 많은 일본군을 봉오동 골짜기로 끌고 들어오겠습니다."

이화일은 부하 십여 명과 함께 고려령이란 고갯마루에 숨어

적이 나타나기를 기다렸어요.

1920년 6월 7일, 드디어 일본군이 나타났어요.

▲ 봉오동 전투가 벌어진 고려령

100여 명의 일본군이 먼저 살피기 위해 온 것이었어요.

대여섯 명이 고갯마루에 올라섰을 때 이화일이 총을 쏘았어요.

"탕!"

이화일의 총소리는 사격을 시작하라는 신호였어요.

"탕, 타탕, 타타타탕!"

기다리고 있던 독립군이 일제히 방아쇠를 당겼어요.

동료들이 쓰러지자 일본군도 길 옆으로 피한 뒤 총을 쏘기 시작했어요.

"자, 동지들, 갑시다!"

이화일은 자리를 뜨면서 총을 몇 발 더 쏘았어요.

일본군은 곧이어 이화일 부대를 뒤쫓기 시작했어요.

드디어 일본군은 봉오동 골짜기로 접어들었어요.

이화일은 작전대로 바위 틈새에 몸을 감추었어요.

그때, 홍범도의 공격 명령이 떨어졌어요.

"사격 개시! 쏴라!"

독립군의 총은 포위된 일본군을 향해 불을 뿜었어요.

쉴 새 없이 날아오는 총탄에 일본군은 픽픽 쓰러졌어요.

독립군과 일본군의 총격은 무려
세 시간 동안 이어졌어요.
더 이상 견디지 못한 일본군은
무기를 버려두고 달아났어요.
"이겼다!"
"만세, 대한 독립 만세!"
봉오동 전투에서 독립군도 4명이 죽었으나,
일본군은 157명이 죽고, 300여 명이 다쳤어요.
무기도 훈련도 부족한 독립군이 훌륭한 무기를
가지고 날마다 훈련하는 일본 정규군과
싸워 크게 이긴 것이었어요.

청산리 대첩과 김좌진 장군

봉오동 전투가 끝난 뒤, 홍범도 부대는 백두산 부근으로 옮겼어요.
1920년 10월, 간도에 일본군 대부대가 나타나자
안전을 위해 부대를 백두산 부근으로 옮기기로 한 거예요.
홍범도는 김좌진과 힘을 합쳐 일본군에 맞서기로 했어요.
김좌진 역시 홍범도만큼이나 유명한 독립군 대장이었어요.
김좌진은 3·1 운동 직후에 강력한 독립군 부대를 만들었지요.
독립군 부대가 자리를 옮긴다는 사실을 안 일본군은
10월 20일, 대부대를 이끌고 독립군 공격에 나섰어요.
김좌진과 홍범도는 일본군의 움직임을 꿰뚫고 있었어요.
게다가 독립군은 일본군보다 그곳 지리에 밝았어요.
10월 21일, 일본군은 김좌진 부대가 머무는 곳으로 몰려들었어요.
"장군님, 적들이 몰려오고 있습니다."
"몇 놈쯤 되어 보입니까?"

"200명 정도 되는데, 적의 선발대로 보입니다."
"적들이 백운평에 완전히 들어올 때까지 사격하지 마시오."
얼마 뒤 일본군 200여 명이 백운평에 나타났어요.
일본군은 두리번거리면서도 크게 경계하지 않았어요.
적이 마을에 다 들어온 것을 확인한 김좌진은 사격을 명령했어요.
"쏴라! 한 놈도 살려 보내지 마라!"
일본군 수십 명이 그 자리에서 쓰러졌어요.
일본군은 걸어온 길을 따라 도망가기 시작했어요.
독립군은 예상하였다는 듯이 그들에게 총탄을 퍼부었어요.
잠시 후, 일본군 1,000여 명이 독립군을 공격해 왔어요.
그러나 싸우기 좋은 자리에 숨은 독립군을 이길 수가 없었어요.
게다가 서서히 날이 저물고 있었어요.
"물러서라, 돌아간다!"
일본군은 동료의 시체와 무기를 남겨 둔 채 돌아갔어요.
김좌진 부대의 완벽한 승리였지요.
김좌진은 곧바로 부대를 갑산촌으로 옮기기로 했어요.

한 놈도 살려
보내지 마라!

탕 타탕 탕

동지, 반갑소!
반갑소, 동지!

비슷한 시각, 홍범도 부대도 일본군과 싸우고 있었어요.
완구루 산꼭대기에 자리 잡은 홍범도 부대는
양쪽에서 일본군의 공격을 받고 있었어요.
날이 어두워지자 독립군은 슬그머니 산을 내려왔어요.
치열하게 총격을 가하던 일본군은
독립군이 사라진 것도 모르고 밤새 총탄을 주고받았지요.
이윽고 산속에 아침이 왔어요.
일본군은 그제야 밤새 같은 편끼리 싸웠다는 사실을 깨달았어요.
"도대체 어떻게 이런 일이 일어났을까?"
땅을 치며 뉘우쳤지만 이미 많은 병사를 잃은 뒤였어요.
그 시간, 홍범도 부대는 어랑촌을 향해 가고 있었답니다.
김좌진 부대가 갑산촌에 도착한 것은 이튿날 새벽이었어요.
거기서 가까운 천수평에 일본군이 와 있었어요.
김좌진은 그들을 재빨리 공격해 120명 중 네 명만 살려 보냈어요.
네 명의 적이 본부로 달아났기 때문에, 김좌진은 곧 일본군이
대대적인 공격을 할 거라고 예상했어요.
김좌진은 어랑촌에서 전투를 준비했어요.
그때 홍범도 부대가 도착했어요. 김좌진은 너무나 기뻤어요.
"동지들 반갑소!"
김좌진은 홍범도와 굳게 악수를 나누었어요.

얼마 뒤, 일본군의 대대적인 공격이 시작되었어요.
적의 대포가 터지고, 총탄이 비 오듯 쏟아졌어요.
독립군이 일찍이 경험하지 못한 엄청난 공격이었어요.

아침나절에 시작한 전투는 하루 종일 이어졌어요.
일본군은 날이 어두워지자 더 이상 견디지 못하고 물러났어요.
강력한 일본군과의 정면 대결에서 독립군이 승리한 거예요.
“만세! 대한 독립 만세!”
독립군은 서로 손을 맞잡고 감격을 나누었어요.
그런 다음 김좌진과 홍범도는 10월 24일과 25일,
쫓아오는 일본군에게 또다시 불벼락을 안겼어요.
닷새 동안 이어진 전투는 독립군의 완벽한 승리로 끝났어요.
수천 명의 일본군을 물리친 이 전투는 독립군 역사에서 가장
자랑스러운 전투로 기억되는 청산리 대첩이랍니다.

목숨을 바친 독립 투사들

60대의 나이로 폭탄을 던진 강우규

1919년 9월 2일, 남대문역(지금의 서울역) 앞은 사람들로 북적였어요.

수많은 일본 관리와 계급 높은 군인들이 늘어서 있었고,

많은 일본 경찰이 주변을 지키고 있었어요.
잠시 후, 역 안에서 군인 한 명이 나왔어요.
새로 조선 총독이 된 일본 육군 대장 사이토 마코토였어요.
"어서 오십시오, 각하! 서울에 오신 것을 진심으로 환영합니다."
수행원은 사이토를 마차로 안내했어요.
사이토가 총독 사무실로 가기 위해 마차에 탔어요.
"이랴!"
마부가 채찍을 휘두르자 말이 움직이기 시작했어요.
바로 그때, 어디선가 난데없이 폭탄이 날아들었어요.
"쾅!"

경찰과 사이토의 수행원 30여 명이 크게 다치고,

일본인 기자 두 명은 그 자리에서 죽었어요.

폭탄은 사이토의 목숨을 노린 게 분명했어요.

그러나 사이토는 옷자락만 약간 불에 탔을 뿐 멀쩡했어요.

"괜찮습니까, 각하?"

"나는 괜찮다. 어서 폭탄을 던진 놈을 잡아라!"

폭탄을 던진 사람은 강우규로, 당시 65세의 노인이었어요.

간도에서 독립운동을 하던 강우규는 일본 총독이

바뀐다는 소식을 들었어요.

나라 밖에서 활동하는 독립 투사들은 새로 부임하는 총독을

죽이기 위한 계획을 세우기 시작했어요.

강우규는 그 임무를 맡겠다며 나섰어요.

▲ 독립 운동가 강우규

"내 나이 벌써 예순다섯이오. 늙은 몸이니 일본 경찰들도 덜 경계할 게 아니오. 그러니 나에게 그 일을 맡겨 주시오."

이 일을 이끌어 온 박은식은 강우규의 뜻을 고맙게 받아들여 영국제 폭탄과 약간의 여비를 마련해 주었어요.

"고맙소, 강 동지. 무사히 뜻한 바를……."

박은식은 뒷말을 잇지 못했어요.

마지막 가는 길이라는 걸 잘 알고 있었기 때문이에요.

강우규는 일본 경찰에 붙잡혀 사형을 선고받았어요.

세상을 떠나기 직전 강우규는 이런 시를 남겼어요.

죽음을 앞에 두니 오히려 봄바람이 이는구나.
몸은 있으되 나라가 없으니 어찌 그냥 있었겠는가.

▲ 민족 사학자이자 독립 운동가인 박은식

고서적상 박재혁의 의거

1919년 11월 9일, 김원봉과 윤세주 등 13명은
간도의 한 농가에서 의열단이란 단체를 만들었어요.
의열단은 '정의로운 일을 맹렬히 행하자.'라는 뜻이에요.
이날 의열단원은 조선 독립을 위해 일본 침략자 일곱 명과
통치 기관 다섯 곳을 없애기로 했어요.
"언제든 조직이 부르면 곧바로 모입시다."
"좋소. 먼저 활동에 필요한 무기와 돈을 마련하고
정보를 모으는 일부터 시작합시다."
1920년 9월 13일, 고서적상 박재혁이 부산항에 내렸어요.
박재혁은 부산 출신으로 무역 회사에서 일했어요.
1917년부터 중국 상하이에 자리 잡고 중국, 싱가포르, 일본 등을
드나들며 무역을 하고 있었지요.

▲ 의열단 단원들

박재혁은 고향 부산에 일본식 건물이 늘어나고 일본인들로 북적대는 거리를 보자 가슴이 몹시 아팠어요.

'내 고향 부산이 일본인의 차지가 되다니 화가 치미는구나.'

박재혁은 간도에서 김원봉을 만난 일을 떠올렸어요.

"내 고향 부산에 일본인 거리가 늘어나는 게 너무 안타깝습니다."

"그래서 침략자들에게 경계심을 주고, 부산에 사는 동포들에게 자신감을 주기 위해 큰일을 준비하고 있습니다."

"그게 뭐지요? 나한테 맡겨 주십시오."

"쉬운 일이 아닙니다. 목숨을 내놓아야 할지도 몰라요."

김원봉은 조심스러웠어요.

하지만 박재혁은 물러서지 않았어요.

"목숨을 바치겠으니 일을 맡겨 주십시오."

김원봉은 박재혁에게 중요한 임무를 맡기기로 했어요.

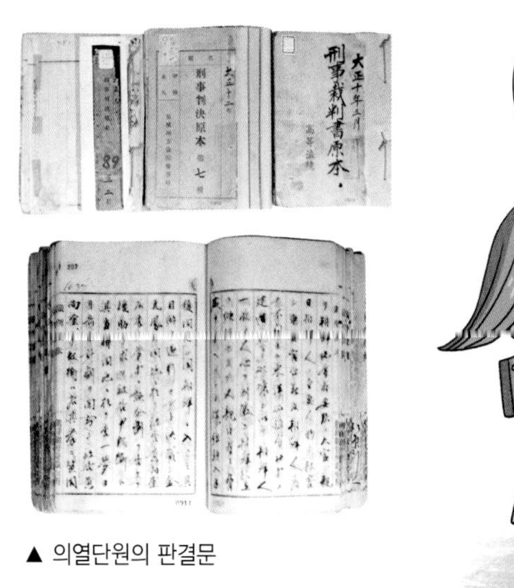

▲ 의열단원의 판결문

1920년 9월 14일, 박재혁은 부산 경찰서를 찾아가 정문을 지키던 경찰에게 말했어요.

"구하기 어려운 책을 갖고 왔으니 서장을 만나게 해 주시오."

박재혁은 서장실로 안내되었어요. 거기에는 서장과 부하 직원 몇 명이 이야기를 나누고 있었어요.

박재혁은 가방에서 책을 한 권 꺼내자마자 서장을 향해 집어던졌어요.

"쾅!"

박재혁이 던진 것은
책 모양으로 된
폭탄이었어요.
서장실이 크게
부서졌고 일본인
서장도 죽었어요.
너무 가까운 곳에서 폭탄이
터져 박재혁도 크게 다쳤어요.
붙잡힌 박재혁은 경찰의
고문과 아물지 않은 상처로
매우 고통스러웠어요.
하지만 박재혁은 당당히
맞서다 감옥에서 세상을
떠났어요.
의열단의 투쟁은 여기서 끝나지 않았어요.
그들은 밀양 경찰서와 조선 총독부, 종로 경찰서 건물에도
폭탄을 던져 일본인들의 간담을 서늘하게 했어요.
일본의 중심지인 도쿄, 일본의 침략이 막 시작되려는
상하이에서도 의열단 이름을 내건 의거가 계속 이어졌어요.

동양 척식 주식회사를 습격한 나석주

나석주는 중국에서 독립운동을 하고 있었어요.

그 무렵, 고향 재령에서는 농민을 힘들게 하는 일이 벌어졌어요.

오래전부터 왕실 땅이었던 재령의 넓은 농토를 일본이

동양 척식 주식회사라는 일본 회사에 팔아 버린 거예요.

회사는 소작료를 올리고 농사짓는 사람도 제 마음대로 바꿨어요.

농민 수백 명이 회사 사무실로 몰려갔어요.

"소작료를 낮춰라!"

"이곳에서 대대로 농사를 지어 왔다. 농사지을 권리를 인정하라!"

농민들은 목이 터져라 외쳤어요.

그러나 회사는 꿈쩍도 하지 않았어요.

농민들은 서울에 있는 동양 척식 주식회사 본사를 찾아갔어요.

"우리는 우리 땅에서 농사를 지으며 살고 싶다!"

회사는 경찰을 시켜 농민들을 막아 버렸어요.

회사는 일본인과 관리를 시켜 곡식과 가구까지 빼앗고,

경찰은 항의하는 농민들을 경찰서로 끌고 갔어요.

또 자신들에게 맞섰던 농민들은 농사를 짓지 못하게 했어요.

그러자 더 많은 농민들이 서울 본사로 몰려갔어요.

"민족의 피를 빨아먹는 동양 척식 주식회사를 없애자!"

"농사지을 권리를 보장하라! 소작료를 낮춰라!"

東洋拓殖株式會社
소작료를 낮춰라!
농사지을 권리를 보장하라!

농민들의 항의가 거세지자 회사는 결국 요구를 받아들였어요.
1926년 7월, 나석주는 의열단 단장인 김원봉과
중국에서 활동하던 유명한 독립투사 김창숙을 만났어요.
"나 동지, 민족의 피를 빨고 있는 동양 척식 주식회사를 부숴야겠소."
"저를 찾아 주셔서 감사합니다. 기필코 그리하겠습니다."
"꼭 성공하길 바라오."
김창숙에게서 무기와 돈을 건네받은 나석주는 중국을 떠났어요.
그리고 1926년 12월 26일, 서울에 도착했어요.
이틀 뒤, 나석주는 서울 중심가에 있는 식산 은행에 들어가
곧바로 폭탄을 던졌어요.
식산 은행은 동양 척식 주식회사와 함께
조선 사람의 피땀을 빼앗아 가기로 이름난 은행이었어요.

▲ 유학자이자 독립 운동가인 김창숙

뒤 이어 나석주는 동양 척식 주식회사로 뛰어들었어요.
앞을 막아서는 일본인 직원들을 거꾸러뜨리고
준비한 두 번째 폭탄을 던졌어요.
그런데 웬일인지 폭탄이 터지지 않았어요.
잠시 후 일본 경찰들이 몰려왔어요.
나석주는 권총을 쏘아 달려오는 경찰들을 쓰러뜨렸어요.
이제 남은 실탄은 세 발, 나석주는 사람들을 향해 외쳤어요.
"2,000만 민중이여, 조국의 자유를 위해 힘껏 싸웁시다!"
나석주는 남은 세 발의 총알을 자신을 향해 쏘았어요.
나석주는 스스로 죽음을 선택한 거예요.
오랫동안 동양 척식 주식회사와 싸워 온 재령 농민들은
나석주의 의거에 커다란 감동을 받고 용기를 얻었어요.

▲ 나석주 의사의 편지

독립을 위해 힘을 기르자

조선 물산 장려 운동

1920년 8월, 조만식은 평양에서 예전에 함께 활동하던
사람들을 한자리에 불러 모았어요.
그는 일본에 유학을 다녀와서 오산 학교 교장을 지내다가
3·1 운동을 이끌었다는 이유로 감옥살이까지 한 사람이었어요.
"물레를 아시지요?"
사람들은 무슨 말을 하려는가 싶어 조만식을 바라보았어요.
"우리는 오랫동안 물레로 실을 뽑아 옷감을 짜고,
그 옷감으로 옷을 지어 입었습니다."
조만식은 사람들을 둘러본 뒤 말을 이었어요.
"그런데 언제부턴가 나라 밖에서 들여온 옷을 입거나,
나라 밖에서 들여온 옷감으로 옷을 지어 입고 있습니다.
귀한 물레가 우리 곁에서 멀어져 가고 있어요."
사람들은 점점 조만식의 이야기에 빠져들었어요.
"우리가 입는 것을 우리가 만들지 못한다면,
그것이 바로 노예가 되는 첫걸음입니다. 우리가 쓸 물건을
스스로 만들 수 있을 때 우리는 홀로 설 수 있습니다."

국산품 애용
우리가 쓸 물건을
스스로 만들 수 있을 때
우리는 홀로 설 수
있습니다.

사람들은 그제야 조만식이 왜 물레 이야기를 꺼냈는지 알았어요.
조만식은 사람들을 향해 외쳤어요.
"이제 힘을 모아 우리가 만든 것을 쓰자고 호소합시다."
이날 조만식과 뜻을 함께한 사람들은 '조선 물산 장려회'를 만들고
좋은 물건을 많이 생산하고 많이 쓰기 위해 힘을 모으기로 했어요.
1922년에 서울의 전문학교 학생을 중심으로 자작회가 만들어졌어요.
학생들은 전단을 만들어 사람들에게 나누어 주었어요.
"우리 상품을 사 씁시다!"
그들은 조선 사람이 만든 제품만 파는 가게를 열기도 했어요.
또 길거리 연설도 했어요.
"조선 사람이 만든 것을 사 씁시다."

이 같은 운동은 청년 단체들 사이로 빠르게 퍼져 나갔어요.
지방에서는 국산품을 애용하여 우리 경제를 살리자는 운동을 하는 단체들이 많이 만들어졌어요.
신문들도 이들의 주장과 활동 소식을 널리 소개했어요.
1923년에는 조선 물산 장려회가 전국적인 경제 운동 단체가 되었어요.
그들은 2월 16일에 전국에서 거리 행진을 갖기로 했어요.
"우리 산업을 장려하고 국산품을 애용하자!"
"우리의 자본과 기술로 우리가 먼저 물건을 만들자!"
서울 종로의 천도교 본부 앞에는 팽팽한 긴장감이 감돌았어요.
일본 경찰이 행사장을 막고 있었던 거예요.
"행사가 금지되었다. 모두 돌아가라!"

행사를 허락했던 일본 경찰이 갑자기 행사를 금지시켰어요.

부푼 마음으로 행사장을 찾은 사람들은 화가 났어요.

“무슨 짓이야, 당신들도 허가했던 행사 아니야!”

사람들은 강하게 항의했지만, 서울에서는 행사가 열리지 못했어요.

그러나 평양과 개성, 마산과 광주를 비롯한 전국 10여 개 도시에서는

행사가 성대하게 치러졌어요.

청년들이 나누어 준 전단에는 이런 글귀들이 적혀 있었어요.

‘내 살림 내 것으로! 조선 사람 조선 것!’

깃발을 들고 행진하는 행렬이 수만 명으로 늘어난 것을 본

조만식은 문득 4년 전 3·1 운동 때를 떠올렸어요.

‘우리 민족의 나라를 위한 마음이 이 같으니 독립은 꼭 이룰 수 있어.’

조만식은 어려운 일이 있을 때마다 이날의 감동을 잊지 않고

민족의 이익을 지켜 내기 위해 죽는 날까지 애를 썼어요.

▲ 천도교 중앙 대교당

과학이 발전해야 나라가 발전한다

조선 물산 장려 운동을 펼쳐도 우리 물건이 외국의 물건을 밀어내지 못한 이유는 우리나라에서 만든 물건의 질이 떨어졌기 때문이에요.
"우리에게 맞는 기술을 개발해야 외국 물건을 이길 수 있어."
김용관과 박길룡은 이렇게 생각했어요.
김용관은 일본에 유학까지 다녀왔기 때문에 원한다면 얼마든지 안정된 생활을 할 수 있었지만 쉬운 길을 가지 않았어요.
"조선 사람은 과학을 자기랑 아무 상관없다고 생각해.
우리나라가 과학의 황무지가 된 건 바로 그 때문이야."
김용관은 과학의 중요성을 알리고, 이를 기술 개발로 연결하려는 활동을 벌여 나갔어요.
1932년에는 그만두었던 발명 학회 일을 다시 시작하고
〈과학조선〉이라는 잡지를 펴냈어요.

▲ 〈과학조선〉 창간호 표지

발명가들이
연구할 수 있는 연구소를
세웁시다.
그래요.
또 과학 잡지도
만들어야 해요.
科學朝鮮
創刊號

처음부터 김용관과 함께 활동했던 박길룡도 적극적으로 나섰어요.
"이제 발명가들의 활동이 활발해지고 있습니다.
이들의 발명품이 실제로 생산될 수 있도록 도와야 합니다."
"그렇습니다. 과학 지식을 널리 알리기 위한 운동도 필요합니다."
1934년 4월 19일에는 김용관의 주관으로 과학의 날 행사가 열렸어요.
좁은 강연회장에 800여 명의 청중이 모여들었고,
과학 활동 사진 상영회에는 8,000여 명의 인파가 모여들었어요.
신문에서도, 라디오에서도 과학의 필요성을 선전하고
과학의 날 행사 소식을 널리 전했어요.
이듬해 과학의 날 행사는 더욱 높은 관심 속에서 준비되었어요.
나라에서 존경받는 사람들이 과학 지식 보급회를 만들었고,
김용관의 발명 학회 활동도 활발해졌어요.
과학 지식 보급회에는 김용관을 비롯하여 조만식도 참가했어요.
기술자에서 물산 장려 운동으로 생각을 발전시킨 김용관과,
물산 장려 운동에서 과학 발전으로 생각을 넓힌 조만식이 만난 거예요.
나라를 위하는 데 반드시 목숨을 내놓아야 하는 것은 아니에요.
기업인은 기업인대로, 교육자는 교육자대로, 기술자는 기술자대로
나라를 위하는 자기 나름대로의 방식이 있었답니다.
그렇게 자기 분야에서 최선을 다하며 조선의 발전과 독립을 위해
애쓴 분들을 우리는 꼭 기억해야 할 거예요.

독립군을 길러 낸 신흥 무관 학교

독립 운동가들은 일본의 감시를 피해 만주나 연해주로 옮겨 가서 독립군 부대를 만들었어요. 그리고 일본에 대항할 힘을 기르기 위해 무관 학교를 세웠어요. 그중 가장 많은 독립 운동가들을 배출한 곳이 신흥 무관 학교예요.

언제 누가 세웠을까?

신흥 무관 학교는 1911년 이상룡을 중심으로 이시영, 이회영 형제와 김형선, 이장녕, 이장직, 이동녕 등 군인 출신이 중국 만주에 세웠어요.
처음에는 일본의 감시를 피하고 중국의 양해를 얻기 위해 '신흥 강습소'란 이름을 내걸었어요.
신흥이란 이름은 신민회의 '신' 자와 부흥을 뜻하는 '흥' 자를 합쳐 만든 거예요. 1919년 이후 신흥 무관 학교라고 이름을 바꾸었지요.

▲ 신흥 무관 학교 설립 당시의 교장, 이시영

어떤 목적으로 세웠을까?

신흥 무관 학교는 독립군을 양성하기 위한 최초의 군사 학교예요. 처음에는 일본 육군 사관 학교 졸업생들이 교관이 되어 학생들을 교육시켰어요. 그러다가 신흥 무관 학교를 졸업한 학생들이 배출되면서 그들이 바로 교관으로 활동했지요. 신흥 무관 학교는 이회영 형제의 재정적 지원으로 유지되었어요. 그 뒤 문을 닫을 때까지 이 학교의 교원, 학생, 졸업생과 만주에 거주하는 우리나라 사람들 모두의 노력으로 유지되었지요.

어떤 교육을 받았나?

▲ 청산리 대첩을 묘사한 기록화

교육 과정으로는 하사관반 3개월, 특별훈련반 1개월, 장교반 6개월 과정이 있었어요. 문을 닫을 때까지 무려 2,100여 명이나 되는 독립군을 배출했어요. 이들은 청산리 대첩을 승리로 이끄는 등 만주 지역에서 일본 군대와 맞서 용감히 싸웠어요. 물론 목숨을 잃은 사람도 많았지요. 3·1 운동 뒤에는 일본 육군 사관 학교 중위 출신의 지청천, 이범석 등 유능한 무관들이 이곳으로 왔고 지원자도 많이 늘었어요. 그러나 일본의 끊임없는 방해로 안타깝게도 1920년에 문을 닫고 말았답니다.

학생들은 졸업 후 어떤 활동을 했나?

신흥 무관 학교 출신자는 만주 지역과 중국 본토에 널리 퍼져 일본에 맞서 싸웠어요. 또 일반 사람들을 대상으로 교육 활동을 펼쳐 민족의식을 불어넣기도 했지요. 이렇듯 독립 투쟁에서 신흥 무관 학교는 중심 역할을 했어요. 1919년에 창립된 의열단 단원 대부분도 신흥 무관 학교 출신이었어요.

한국사 돋보기

국민학교를 왜 초등학교로 바꿨을까?

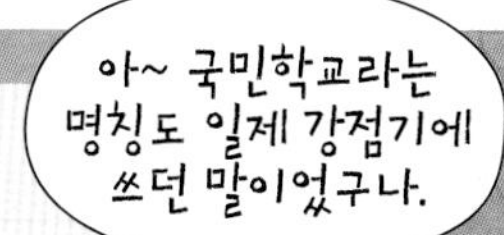

국민학교를 초등학교로 바꾸어 부르게 된 것은 1996년부터예요. 그 이전까지 초등학교는 국민학교라고 불렸어요. 일제 강점기에 일본 사람들은 '황국 신민의 학교'라는 뜻에서 학교를 국민학교라고 불렀어요. 당시 고등 교육을 받은 사람들은 많지 않았기 때문에 어린이들이 다니는 소학교를 일본이 정한 대로 국민학교라고 부르게 된 것이지요.

광복이 되고 나서도 이 명칭은 바뀌지 않고 그대로 사용되었어요. 그러다가 1996년에 이르러서야 초등학교로 불리게 되었답니다.

쏙쏙! 한국사 상식

'경성'으로 바뀐 서울의 풍경

조선 왕조 500년의 수도였던 한성은 1910년에 경성(게이조)이라는 일본 이름으로 바뀌었어요. 그에 따라 도시의 모습도 일본풍으로 바뀌었지요. 호텔과 백화점 등의 서양식 건물이 많이 들어서고 전차가 거리를 누비고 다녔어요.

▲ 우리나라 최초의 백화점인 화신 백화점

종로 거리

구불구불한 좁은 길에 넓은 도로가 닦였어요. 거리에는 전차와 자동차가 생겼어요. 또 구두를 파는 양화점, 서양 옷을 파는 양복점, 포목점 등이 많이 생겼어요.

은행의 거리

일본 사람들이 소유하는 은행들이 들어섰어요. 조선 식산 은행, 조선은행, 조선 상업 은행 등이 있었어요. 그래서 금융업에서 일하는 사람들이 많이 오갔지요.

▲ 조선 식산 은행

▲ 우미관

영화의 거리

지금의 종로 3가에는 영화관이 들어서 있었어요. 가장 유명한 극장은 '우미관'이었어요. 또 '단성사'라는 극장에서는 나운규가 주연한 '아리랑'을 개봉했어요.

문화의 거리

동아일보사 주변에는 신문사와 잡지사들이 몰려 있어 시인, 소설가, 예술가 들이 모였어요. 이들은 다방에서 커피를 미시며 문화와 정치를 이야기했지요.

한눈에 보는 연표

우리나라 역사 | 세계 역사

1920

조선일보, 동아일보 창간
봉오동 전투, 청산리 대첩
종합 월간지 〈개벽〉 창간
조선 물산 장려회 창립 총회
간도 참변
유관순, 서대문 형무소에서 죽음

국제 연맹 성립
미국에서 여성이 투표권 획득
국제 연맹 총회(제네바)

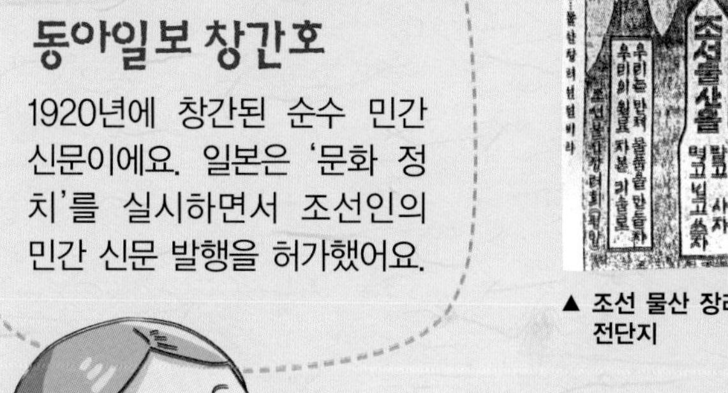

동아일보 창간호

1920년에 창간된 순수 민간 신문이에요. 일본은 '문화 정치'를 실시하면서 조선인의 민간 신문 발행을 허가했어요.

▲ 조선 물산 장려 운동 전단지

히틀러

1933년 수상이 되어 게슈타포를 움직여 국민의 자유를 빼앗았으며, 유대 인에게 심한 박해를 가했어요.

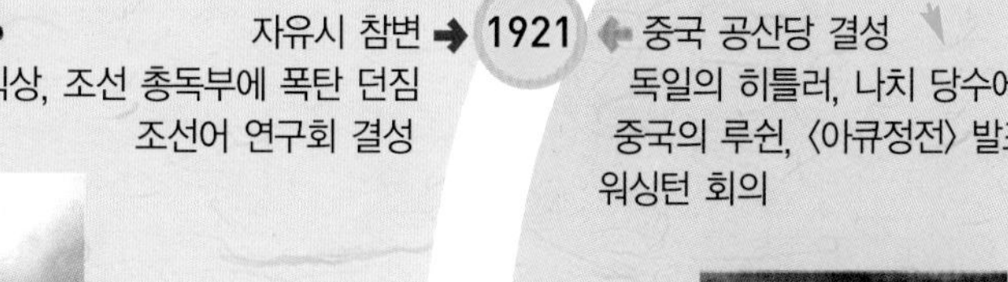

1921

자유시 참변
김익상, 조선 총독부에 폭탄 던짐
조선어 연구회 결성

중국 공산당 결성
독일의 히틀러, 나치 당수에 취임
중국의 루쉰, 〈아큐정전〉 발표
워싱턴 회의

▲ 조선 총독부 건물

▲ 중국의 소설가, 루쉰